문학사랑 시인선 69

엄마의 분꽃

송윤영 시집

오늘의문학사

엄마의 분꽃

머리말

말을 안 해도 마음을 안다고 말했나?

그렇다고 하더라도 말하지 않으면 자세히 알 수가 없다. 얼굴이 다르듯 서로 다른 목소리가 당연하지 않을까?

나는 큰 목소리를 내지 않는 대신 '무언의 목소리'로 시를 짓는다. 부디 왜 그랬느냐, 눈치 주지 않았으면 좋겠다.

시를 사랑하는 떨림만으로도 기쁘다.

2019년 8월
송윤영

_ 목차

머리말 5

제1부 골담초 앞에서

따귀 13
가벼운 마음 15
꽃이 어떻게 피었을까 16
산수유 마을에서 들은 이야기 17
어느 곳에서 18
여행자의 생각 20
교토 오하라 산소 21
참꽃 23
진도 골담초 꽃 앞에서 24
목포항에서 제주항으로 25
찔레꽃 27
꽃샘추위 28
삼월에 내리는 눈 1 29
삼월에 내리는 눈 2 30
사월 어느 날 31

제2부 엄마와 두 딸

고향에 가면 35
딸이 준 카네이션 36
엄마와 두 딸 37
엄마의 분꽃 38
막내 여동생 40
참게 잡이 43
어느 암탉의 슬픈 이야기 44
이기심 46
생각 48
글쓰기 49
노트를 펴다가 50
점(点) 53
무제 54
노안에게 묻다 55
이울어져 가는 가을날에 56
산책길에 58

제3부 새가 아파요

유월 손님 61
새가 아파요 62
가뭄 63
가뭄 앞에서 64
떨어진 감에게 66
매미 울음 68
궁남지 연꽃이 되어 69
별궁의 연못 궁남지 71
연밥을 보며 72
양파 캐는 날 73
새똥 74
참깨 꽃과 노린재 76
산에서 내려온 고라니 78
새벽에 눈을 뜨며 79
눈 오는 날 80
찹쌀떡 장사에게 81

제4부 청산도 칡꽃

　　세족식　85
　　해미 읍성 다듬이 방 앞에서　86
　　청산도에서는　87
　　청산도 칡꽃　88
　　신갈마로 46번지 산비둘기　90
　　대구 수성 못　92
　　신성리 갈대밭에서　93
　　천지연 폭포　95
　　한라산 백록담　96
　　한라산 길을 걸으며　98
　　자유인에게　99
　　고성 바람에게　101
　　책의 값어치　102
　　김광석 거리　104
　　한해를 보내며　105

　　- 우리들의 나무 악보　106
　　- 후기　110

1부

골담초 앞에서

엄마의 분꽃

따귀

너의 뺨을 때려보고 싶다
잘못한 사람의 뺨을 치는 느낌이
어떤지 알고 싶다
그 순간 얼굴이 찰싹 소리를 내며
마음을 시원하게 할 수 있는지 알고 싶다

피부와 피부가 마찰을 하는 순간 어떤 느낌일까
사람의 진을 빼어 덕지덕지 바른 얼굴에
찐덕거림은 없을까
그렇다면 그 손은 어디에서 씻을까
더러워진 손을 빨리 씻을 수 있는지 걱정이 된다

차라리 내 뺨을 대신 때린다
"찰싹! 찰싹!"
거울을 보니 얼굴이 벌겋다
바보같이 당하고만 온 벌이다.

가벼운 마음

살갗을 간질이는 부드러운 햇빛 속에서
눈이 부시도록 하얗게 핀
배꽃을 본 사람이라면
방긋 웃는 아기와 같은 얼굴을 가졌으리.

마음의 짐 한 번도 져보지 않은 그 흰 등 위로
하늘하늘 떨어져 내리는
웃음꽃을 볼 수 있다면
그 밑에 깔린 멍석이 되어도 좋으리.

그렇게 넓게 펼쳐져
삶에 지친 그대들의 다리를
쉬게 할 수 있는 자리가 되리.

꽃이 어떻게 피었을까

해가 뜨기도 전에
매실나무에 날아든 새들이 가지를 밟는다
이 가지 저 가지 톡톡 건드리며
겨우내 그을음에 막힌 연통을 털어내듯
막혔던 수맥을 턴다
그것도 부족한 듯
부리로 여기저기 콕콕 찍어 꽃봉오리를 흔든다
꽃잎이 벌어지는 걸 보니
진한 향기의 사월이 나오려나보다.

산수유 마을에서 들은 이야기

노오란 눈꽃을 뒤집어 쓴 나무들이
사람들의 눈길을 받고 있었다
인간이 되기 전에 사람이 되어야
꽃과 눈을 맞출 수 있다고
지나는 솔바람이 말한다
꽃의 맑은 눈빛을 본 사람이어야
향기를 맡을 수 있다고 한다
그 향기를 맡은 사람만이
그 꽃잎의 숨소리를 들을 수 있다 한다.

어느 곳에서

사람들 우르르 몰려나간 자리에
계절도 모르게 핀 민들레꽃이
바다 바람에 흔들린다
햇살이 지나는 곳을 보는 자에게만
보이는 꽃
마음에 쉼터가 있는 자에게만
보이는 꽃
햇살도 지나치기 아쉬운 듯
그 꽃과 눈을 맞추며 잠시 쉬어 간다.

여행자의 생각

벚꽃이 피는 계절
일본 간사이공항에 발을 내렸다
어느 나라에서 왔는지 모를 많은 사람들
그 사람들의 눈은
벽에 쓰인 글씨를 읽고
안내 방송을 듣는다
36년간 조선말을 억압했던 나라의 벽에
조선말이 쓰여 있고
조선의 말이 안내로 나온다
그 시대에 자신의 나랏말 하는 것을
죄인처럼 거칠게 누르고 눌렀던 이들이
일본인 자신의 나라에서 스스로 조선말을 쓰고 말한다
진리는 바로서서 돌아온다
신은 살아계셨다
그분은 뉘어진 것을 바로 세우시고
채찍에 맞아 피 흘리며 아팠던
우리의 말을 치료하시고
보란 듯이 소리 높여 말하고 춤추게 하셨다.

교토 오하라 산소

봄비가 가냘프게 내리는
교토 오하라 천변에 버스가 달린다
백년은 묵었을까?
세월의 부름에 답하느라
이리 틀어지고 저리 틀어진 벚나무들도
축축 늘어진 꽃줄기들을
머리카락 쓰다듬듯 쓰다듬는 빗줄기가
멋대로 하도록 허락한다
오랜 세월
교만을 버리고 따라가는 것을 배웠다.

참꽃_ 진달래꽃

누가 여자를 꽃이라 했나
굳이 꽃이라면
남을 아프게 하지 않고
거짓에 물들어 추하지 않은 진실한 꽃
참꽃이 되고 싶다
그동안 삶의 속임수에 살아온 이들이
봄 한철
진실을 찾아
굽이굽이 산등성이 더듬으며 올라온
그 수고의 눈에
오래도록 힘이 되는 진실이 되고 싶다.

진도 골담초 꽃 앞에서

향기도 없이
수십 마리의 나비가 되어 앉았다
어릴 적 우리 집 담장 밑에
수북이 피어있던 그때의 꽃처럼
할아버지 따 자시던 그 꽃처럼
노랑나비가 되어
이 먼 곳에 날아와
나를 맞는 듯
나무에 앉아 펄럭인다.

목포항에서 제주항으로

3월의 첫 밤에
처음 보는 사람들과
차가운 배 바닥에 누웠다
파도소리보다 더 높은 울림으로
우리를 끌고 가는 기계소리는
어두운 복도를 걷는 간수의 발소리다

배 밑창 한구석에 붙어있을 생쥐처럼 조바심을 내며
몇 시간의 목숨을 건다
그러나 정해진 운명처럼
수백 미터 갈치 떼의 길을 지나고
수천마리 조기떼의 비늘이 반짝였을 해협을 지나
감옥을 막 벗어난 미결수처럼 항구에 내렸다.

찔레꽃

완두콩 익어가는 밭둑에 피어야 예쁜 꽃
흰 모시옷 입고 장에 가신 할머니 옷처럼
길모퉁이 보일 듯 말 듯 해야 더 하얀 꽃

십리를 걸어간들 네 향을 못 느낄까
집을 향해 걸어가던 개미도
네 앞에서는 걸음을 멈추고
실바람에 흐느적거리는 꽃잎을 본다.

꽃샘추위

감정이 물 흐르듯 하는 걸 어찌하니
너의 아까운 꽃잎 쏟아내면서
소리치지 마라
바람처럼 휘돌아 불다가 돌아올게
지루하던 네 꽃잎
조금씩 흔들리던 날
첫 마음처럼 생각나면 다시 올게.

삼월에 내리는 눈 1

이별의 말들을 뿌리듯 눈이 내린다
그 말들의 무게를 못 이기듯
나무에 쌓였던 말들이 쏟아진다
네가 내게 뿌렸던 말들의 무게를 견디지 못하고
녹아져 내린다.

삼월에 내리는 눈 2

아주 가실 듯
온갖 새순이며 꽃들을 보내시더니
할 이야기 있어 다시 오셨나요
다북다북 보드라운 이야기 따스하게 쌓이고
그 마음의 무게 이기지 못해
쏟아져 내립니다
가기 싫으시면
아주 가지 마시고
이곳에 물처럼 녹아져 내리십시오
차라리 제 발아래 숨 쉬는 흙이 되어 주십시오.

사월 어느 날

옛 생각이 곰실대며 넘어가는 밭에
몇 평 안 되는 어두움이 깔리면
비로소 빛이 나는 매실 꽃

온종일 뒷산을 날아다니던 새는
나뭇가지 위에 앉아 편안히 눈을 감고
매실 꽃은 봄밤을 하얗게 수 놓았다.

엄마의 분꽃

2부

엄마와 두 딸

고향에 가면

내 고향에 가면
커다란 집
메모박스 같은 방 아랫목에
웅숭그려 홀로 누운 어머니 있다
몸속의 진이 다 빠지도록
흙을 파고 심은 것 캐어내어
제 살림난 자식에게 다 나누어 주고
다시 이불 속에서 내년을 꿈꾸는 사람이다
내년이면 팔십
홀로 살아가는 고단함도
흰 눈처럼 내릴 때지만
마지막 남은 진을 짜내듯
마음은 장정이다
이제는 좀 편안해진 겨울
누우면 자꾸 잠이 온다며
껍데기만 남은 듯한 몸 위에 이불을 쓴다
죽어서도
자식에게 파 먹히는 가시고기가 따로 없다.

딸이 준 카네이션

너의 마음이 꽃에 담겨 버스 안에서 흔들린다
꽃을 사기 위해 걸었던 발자국의 소리까지
여러 갈래의 꽃줄기에 묻혀 내게로 왔다
말 안 해도 그동안의 고맙고 미안한 마음
작은 화분 안에 넣은 줄 안다
그렇지 않다 해도
이 꽃으로 우리 모녀 간의 사랑 꽃이
다시 피어나고 있구나.

엄마와 두 딸

팔십 넘은 노모가 웃는다
집을 떠나 강변 후미진 레스토랑에서
비빔밥을 먹으며 웃는다
두 딸이 번갈아 잘라준
돈까스를 받아먹으며
밭고랑에서 일하며 땀 흘리던 기억을 잊는다
세 모녀는 살아오며
짓밟고 싶었던 기억들을 잊어버리고
밤하늘 반짝이는 별처럼 웃었다.

엄마의 분꽃

어느 해인가
화단의 분꽃들을 보고
환하게 웃으시던 엄마
"이것 좀 봐라. 내가 씨를 뿌렸더니
이렇게 번져서 많아졌다."
나는 그것이 평생 일만 하며 하지 못한
엄마의 숨겨진 꿈에서 피어난 향기 같아
말없이 보고 또 보았다
그리고 한밤에도 나와
향기를 맡고 또 맡았다
그렇게 몇 해를 그 분꽃들을 보았다
하지만 흔적도 없는 세월은 엄마의 몇 줄 남지 않은
감성의 실오라기조차 훑어갔는지
어느 날 엄마는 화단의 분꽃들을 모조리 베어냈다
스산한 바람에 힘을 잃은 푸른 잎들이 눕듯
엄마의 분꽃들도 누렇게 누워 자취를 감추었다
슬프다 슬프다 해도 아름답게 여겼던 것이
귀찮게 느껴지는 그 때
그보다 더 슬픈 게 있을까?

아름다움을 보듬었던 엄마의 생각과
사슴 같았던 눈이
세월의 고단함을 물리치고
이제는 화단에 분꽃을 심고
환한 웃음으로 바라보게 될 날이 왔으면 좋겠다.

막내 여동생

전기도 안 들어오던 마을이었다
초등학생 어린 언니는
학교 가기 싫어
업히기 싫다는 동생을 억지로 업고
남새밭 매는 엄마 앞에 섰다
자식들 학교 빠지지 않는 걸
자랑으로 여기던 엄마는
학교 빠졌다 호통을 쳤다

혼자서도 잘 노는 동생을 돌본다고
학교를 빠졌던 언니는
자라면서
동생에게 무엇을 보여주며 자랐을까

헤아릴 수 없는 계절이 오고가고
알 수 없는 나뭇잎과 꽃들이
부끄러운 마음의 냇가에 떨어져
그로 인해 흐를 수 없는 냇물이

생의 가로막에 머물 때
여리고 그 가느다란 손으로

막힘을 풀던 동생
이제는 길을 잃고 앉아있는 언니를 업고
웃는 동생이 되었다.

참게 잡이

한번 제대로 얘기도 나눠보지 못한 사돈들과
추석 밤 참게를 잡으러 갔다
여물어가는 벼논의 수로에서
어기적거리는 검은 집게발
참게는 놀란 두 눈으로
저승사자처럼 서있는
한 인간을 보고 숨으려 애쓰지만
광부가 머리에 쓰는 조명등 으로
불을 밝히고 쫓아간다
천지의 어두움에 불빛을 더하고
어두움이 묻은 손을 악수하듯
참게의 집게에 얹는 순간
꼬집듯 물어버린다
순간 게를 던져 버리고 지옥 2년을 외친다
저승사자의 손을 물었으니
그쯤은 각오해야지
너무 참게 잡이에 집중을 했던가
한동안 잊혔던 풀벌레 소리가 들리고
같이 온 일행들은
어느 논둑을 헤매는지 소리도 없다.

어느 암탉의 슬픈 이야기

어느 따스한 봄날
암탉은 먹지도 못하면서 여러 날 알을 품었다
앞 화단의 골담초 나무에
자신의 혀 같은 노오란 꽃들이 피어날 때
병아리들은 삐약거리며 한 마리씩 알을 깨고 나왔다
암탉은 배가 고픈 줄도 모르고 기뻐 날개를 퍼덕였다
둥지를 내려와서도 개가 물을까 고양이가 채갈까
날개 속에 품고 몰고 다니며 먹이 먹는 법을 가르쳤다
그러는 사이 어느 날부턴가
자신에게 사랑을 주던 장닭이 눈알을 또르르 굴리며
다른 암탉의 꽁무니를 따라다녔다
어느 날은 그 암탉에게 땅을 파헤쳐
지렁이와 벌레를 잡아주고
다른 닭들이 먹이를 먹지 못하게 쫓아 보내고
새로 사귄 암탉에게만 먹기를 허락했다
자기 새끼를 키우는 암탉도 모르는 척
날카로운 부리로 찍어대고
자신의 새끼들도 모르는 척 발톱을 치켜 세웠다
어미와 병아리들은 그런 대우를 받으며 살았지만

병아리들도 자라서 불쌍한 어미를 따르지 않았다
어미가 잡아놓은 먹거리를 빼앗아 먹고
이유도 없이 어미를 쪼아댔다
어미닭은 이제 그들의 눈치를 살피고
제대로 먹지 못해 마르고
새끼들의 등살에 털이 빠지고 상처가 곪았다
그래도 쌓아놓은 짚더미 옆에 앉아
부지런히 먹이를 주워 먹는 새끼들을 보며
골담초 꽃심 같은 달콤한 웃음을 흘렸다
얼마 후 암탉에게 졸음의 그림자가 내려왔다
다시 얼마 후 사람의 거친 발이 암탉을 걷어찼다
"재수 없게 병든 것이 여기서 졸고 있어!"
암탉은 무거운 제기처럼 차여
힘없이 땅에 떨어졌다.

이기심

한평생 그의 부모님은
밭에 채소와 곡식을 심어놓고
그곳에 집을 짓고
잎을 갉아먹는 벌레들을 잡고 약을 쳤다
그때마다 가냘픈 목숨 줄을 흔들던 벌레들은
땅위에 먼지처럼 떨어졌다
자기 땅처럼 올라오던 풀들도 그랬다
그렇게 귀찮은 감정의 부스러기처럼 던져졌다
어려서부터 그 모습을 보고 자란 그는
인간의 욕심 앞에서
맘껏 살아보지 못한 목숨들을 위해
슬퍼할 수 없다는 것을 알았다
그리고 순진한 아이처럼 부모님을 닮아갔다
고추에 구멍을 내고 숨어있는 벌레를 땅에 밟아도
배추 잎에 붙어있던 달팽이를 저 멀리 던져버려도
눈 한번 껌벅이지 않는
돌 같은 사람이 되어버렸다.

생각

어항 속 물고기들이 아무 일 없었다는 듯
앞에 앉은 주인에게 몰려든다
며칠을 따로 길러 넣은 애기 물고기들을 잡아먹고
범인이 누군지 모르겠다는 얼굴로 아른거린다
오늘도 주인은 가지 않아야할 저 편에서
헛된 생각만 하다 돌아왔다
가지 않는 세월 속에서
언제 늙어 돌아가랴
내가 작은 물고기가 되어 어항 속으로 들어가면
나같이 어리숙한 것도
물고기들이 달려들어 물어 주려나.

글쓰기

내 평생에 짊어지고 가야할
가시나무 같은 짐
벗어 놓으면
힘없는 다리처럼 주저앉고
짊어지면
무거워 벗고 싶어지는
형벌과 같은 짐
내 한 개의 목숨
이 벌을 받으러 태어났나
앞서 편안히 길을 걷다
떠나는 사람처럼
그런 길을 걷고 싶다.

노트를 펴다가

아파트 천정이 얇은지
윗집 아저씨의 코고는 소리가 들린다
언젠가 층계를 내려오는 그 부부와 마주쳤다
윗집에 산다는 말에
고개를 끄덕이며 인사를 했지만
그 후로 한 번도 그 부부를 본 적이 없다

늦은 밤 다시 머리 위에서
아저씨의 코고는 소리가 들려온다
지금 아저씨는 헤쳐 온 하루의 일들을
베개 삼아 주무시는지 모른다
끝없는 봄밭에 그것을 씨앗삼아
정성껏 뿌리고 계실지도 모른다

얼굴도 기억나지 않는 그 아저씨가
지금도 손을 뻗으면
닿을 듯한 거리에서
성도 모르는 사이인데
참 가깝게 느껴진다

사탕 한 개 나누어 먹은 사이도 아닌데
내 머리 위에 누워 계신다
참 이상하다
날마다 이렇게 가까운 거리에 있으면서
남처럼 살고 있으니
참 정 없는 이웃들이다.

점(点)

세상으로 먼저 간 너를 잊지 않으려
찍어놓은 약속의 표
훨훨 바람에 날려 어디 간들
찾지 못할까?
무던히도 오랜 세월
만날 날을 기다려 왔다
내 사랑
지금 허락받고
너를 찾아 떠난다.

무제

아는 사람이 죽은 소식을 들었다
죽음 앞에 무너지는 마음을 느끼며
다시 세울 수 없는 인간의 무력함을 느낀다
지난날 그와 나누었던 말의 기둥
눈빛과 미소로 올렸던 지붕이
무너져 내린다
아직 가보지 않았으니
그가 가고 있는 영혼의 세계 길을
얼마쯤 가고 있는지 알 수 없다
그 희미한 미소 속에 하얗게 서있던
흰 이처럼
눈부신 길을 걷고 있길 빌어본다
가는 길 무섭고 외롭지 않게
천사가 말동무를 하며
길 인도하기를 기도한다.

노인에게 묻다

세상의 먼 길 오느라 애썼네
오면서 흙먼지는 뒤집어쓰지 않았는가
쓰레기 태우는 곳을 지나다 연기가 매워
눈물을 흘리지는 않았는가
길가의 개구쟁이들이 집어던지는 모래를
뒤집어쓰지는 않았는가

오는 길 어느 고귀한 분들을 만나
눈물 꽤나 흘리지 않았는가
좁은 길을 걸으며 슬퍼서 울고
기분 좋은 일에 웃다 웃다 눈물이 나오진 않았는가

참 세월이 많이도 흘러버렸네
자네 눈에 눈곱이 많이 끼인 것을 보니
이젠 좀 쉬었다 가게나
동자가 흐려진 눈을 보니 많이도 걸어 왔구먼

애썼네 애썼어
이제는 조금만 보고 안 보이는 척
그렇게 편하게 사시게.

이울어져 가는 가을날에

아무도 따주지 않은 뽕잎이 스러져 가고
한철 비바람에 꺾인 가지 아래서
내가 소름이 돋도록
밭이랑 흙에 입을 맞추고 싶은 것은
이 세상을 떠나간
할아버지와 할머니, 아버지 사이를 오가며
이삭을 줍던 차가운 체온이 느껴졌기 때문이다
이제는 그 흙들 앞에
맨발로 서 있어도
뺨을 맞대어도
흙은 따스해지지 않는다
내 늙어 기억이 희미해지면
다시 이곳을 찾을 수 있을까.

산책길에

떡이며 빵이 넘쳐나는 세상에서
밤늦도록 아파트 골목을 걸으며 찹쌀떡을 사라 외친다

사람들은 예전처럼 밖을 내다보지도 않는지
찹쌀떡 장사의 목소리만이
절벽 같은 벽에 부딪히며 떨어진다
이름 모를 풀벌레의 울음소리도 같이 떨어진다.

3부

새가 아파요

엄마의 분꽃

유월 손님

뻐꾸기 우는 산언덕
빨간 산딸기 익어가고
고요함이 산 그림자처럼 내리는 곳에
멀리 떠났던 사람 하나 다가와
들어가도 되느냐 묻는다.

새가 아파요

달빛이 희미한 밤
지난해 비바람에 부러진 참나무 가지 위에서
먼지를 쓰고 소쩍새 운다
눈이 가려워 딱지 앉은 날개로 눈을 비비며 운다
소쩍 소쩍
사람들은 지금도
공장을 세워 물건을 찍어내고
자동차를 굴린다
일원어치도 안 되는 연기가
여기저기서 피어 오른다.

가뭄

내리쬐는 땡볕을
날개란 날개가 퍼덕이며 밀어내려 애를 쓴다
하늘을 날고
나무에 붙거나 힘없이 누워버린 풀 위에 앉아
날개를 단 곤충과 새들은
온갖 욕심으로 지구에 불을 지핀 사람들을 위해
가장 긴 용서의 이름으로 날개를 퍼덕인다.

가뭄 앞에서

아직 반도 크지 않은 들깨모종들이
이파리를 배배 꼬고 땡볕에 서 있다
험한 세상살이를 하는 철부지들이
왜 나를 낳았느냐고 따지듯
가는 다리를 하고 밭 한가운데 서서
주인을 바라보고 있다
주인은 이제 너무 늙고 허리도 굽었다
오랜 세월 온갖 일에 부딪히고
논밭의 생명들을 키우고 달래느라 이젠 지쳤다
통통했던 팔과 다리가 가늘어지도록 일했지만
이제는 고추나무와 생강, 가지, 쪽파들에게
물을 줄 힘이 없다
마음의 여유도 보살핌의 즐거움도
가뭄처럼 메말랐다.

떨어진 감에게

네가 알지 못하는 병에 시달릴 때도
난 네 옆에 없었다
비바람에 시달리고
뜨거운 뙤약볕에 매달려 신음할 때도
난 시원한 곳에 앉아
잡담을 하거나 잠을 잤다

너 있는 곳을 바라볼 땐
눈이 피로하거나
잠시 딴 생각에 잠길 때 그 때도
네 옆에 붙은 나뭇잎들만 보았다

어느 날
네가 붙어있던 가지에서
매미가 가슴을 찌르듯 울었다
너무나 아픈 울음이기에 가보니
네가 떨어져 있구나
순간 주인의 돌 봄 없이
끝까지 몸부림쳤을
네게 미안했다

너의 죽음을 위해 울어주는
매미가 주인보다 낫다
미안하다, 돌보지 못하고 나만 생각해서.

매미 울음

쏴아 쏴아 쏴아
아파트 숲에서 매미가 운다
이제는 되었다
너희들이 쇠바늘을 가슴에 뿌리듯
그리 울지 않아도 충분히 따갑게 살았다
그토록 목이 아프게
남의 죄를 묻기 전에
너희 앞길을 걱정하여라
너희들의 날갯짓은 짧다
내가 나의 살 날이 얼마인지 모르듯
너희들도 짧게 다가오는 그 날을 모르고
날개를 바르르 떠는구나.

궁남지 연꽃이 되어

유난히 연꽃을 좋아하는 당신이 찾아오면
로마신화에 나오는 메두사의 머리칼처럼
여러 송이의 꽃으로 피었다가
화들짝 놀라며 당신의 눈에 띄겠습니다
몇 송이는 열정의 눈으로 당신을 쳐다보고
몇 송이는 부끄러워 고개를 숙일지 모르겠습니다
부디 다른 여인을 데리고 오지 마시고
혼자서 오셔요
그것이 오래도록 기다려왔던 저의 바람입니다
그 옛날 법왕의 시녀처럼
저도 당신의 사랑을 받고 싶어요.

별궁의 연못 궁남지

법왕(法王)이 찾아주지 않아
외로운 시녀는 별궁의 연못가를 늘 홀로 걸었다
옥구슬 두 개를 손안에 굴리며
연못에 구슬 떨어지는 목소리로 노래를 불렀다

오늘도 오시지 않는 님
언제 오실까, 버드나무에 앉은 물새에게 물어 볼까
연못에는 물고기 짝을 이뤄 뛰어오르고
물오리도 제 짝 목에 부리를 얹는데
나는 누구와 같이 할꼬

시녀의 노래 소리는 매일 빗방울처럼
연못 속의 용에게 떨어져 둘이는 통하게 되었다.

연밥을 보며

이제 서동 왕자와 선화 공주는 없다
포룡정을 바라보며 축 늘어뜨린
수양버들의 그림자 속에
세상의 속살거림만 있을 뿐이다

높은 왕자의 몸으로 이웃나라를 찾아가
한 번도 져보지 않은 마 자루를 메고
코흘리개 아이들과
위험한 노래를 하던 서동 왕자

지금 그의 모습과 노래는 없지만
조금도 흔들리지 않는 연밥을 바라보며
그의 사랑에 대한 의지를 본다
그 알알이 박힌 영혼의 눈망울을 본다.

양파 캐는 날

아무도 없는 밭에서
엄마는 양파를 캐고 또 캡니다.
뻣뻣한 대궁을 베어낼 때마다
흘리는 눈물은 매워서보다
자식들이 힘든 세상살이 같은 양파를 까고 썰 때마다
흘릴 눈물을 대신 흘리는 것입니다.
베어진 이파리들을 흙 위에
아무렇게나 뉘어놓고 밟는 것도
매운 인생길
메치기하여 이겨 나가라는 뜻입니다
캔 양파를 다발로 묶어
처마 밑에 매다는 것도
힘들어도 세상의 따가운 햇볕과 바람을
잘 이겨내라는 뜻입니다.
엄마는 올해도 양파 밭에
여기저기 발자국을 남겨놓고
피곤하신지
마루에 누워 낮잠을 주무십니다.

새똥

길 위에 새가 싸놓은 똥 위로
개미 한 마리 지나간다
그 길이 아니더라도
수없이 넓은 길이 있는데
왜 그리로 갈까
누구는 그 길이 개미의 길이라 말할지 모른다.

개미는 더듬이 마디마디에 서린
향긋한 냄새에
자꾸만 더듬이를 씰룩거린다
새똥이 되기까지
인간이 뿌린 씨를 먹다
돌팔매를 당하고
톡 쏘는 털벌레를 먹으면서
어둡고 좁은 뱃속에서
수없이 주물러져 영양분을 뺏긴 채
아무렇게나 던져져버린
느낌표 같은 새똥은

표범같이 사나운 세상에서
눈치를 보며 살아가는 새의 침묵이다.

길 위의 새똥이 빗물에 씻겨가도
개미들은 새로운 새똥의 길을 걷고 있을 것이다
혹시 길을 가다
느낌표 같은 새똥을 보거든
냄새를 맡으러 억지로 허리를 구부리지 말고
그 향기를 맡을 수 없다는 부끄러움에
가만히 눈이라도 감기 바란다.

참깨 꽃과 노린재

가뭄에 참깨 꽃이 피었다
줄기의 남은 힘을 모아 봉우리들을 힘없이 터트렸다
하나둘씩 노린재가 날아든다
깨꽃의 허락도 받지 않고
날강도처럼
꽃의 즙을 빤다
꽃은 발버둥을 치며 자신의 주인을 찾지만
노린재는 더러운 노린내를 흘리며 꽃의 입을 막는다
꽃은 힘없이 떨어진다.

산에서 내려온 고라니

모두가 헐벗은 겨울 산에서
먹을 것이 없어 밭으로 내려온 고라니는
밤새 찬바람 맞은 시금치를 뜯어 먹고
주고 갈 것이 없어
동글동글 예쁜 똥을 누고 갔다.

새벽에 눈을 뜨며

겨울의 들판에 부는 바람
아버지 새벽 예배 다니며 맞던 바람
그 길가에
오가며 의지하던 나무는 조금씩 늙어가는데
무덤 속에 누운 아버지는
늙어가는 것을 멈췄다
자식들과 인생 발걸음을 맞추어 가시려고
아직 영혼의 단잠을 주무시고 계신다.

눈 오는 날

흰 눈이 내리는 날은 모두가 예뻐 보인다
나쁜 사람이든 좋은 사람이든
거리를 지나며
몸에 수많은 눈꽃을 붙였다
순결한 꽃으로 떨어진 꽃더미를 만지며
그 시간만큼은 아름다운 인간이 된다
속죄의 발자국을 찍으며
깨끗한 눈꽃의 마음을 닮아간다
처음 세상에 왔던 그 마음으로
만나는 것들에게 인사를 한다
목소리를 내지 않아도
그들은 흔들리는 눈꽃처럼
마음의 손을 흔들거나 웃음으로
인사를 받는다.

찹쌀떡 장사에게

다니기 좋은 환한 낮을 피해
어두운 밤에만 다니는 까닭이 뭐요?

먹을 게 천지인 요즘 세상에
그래도 사먹는 사람이 있소?

팔리지 않아 쉬어서 버리지는 않았소?

찹쌀떡을 실컷 먹어는 봤소?

4부

청산도 칡꽃

엄마의 분꽃

세족식

가지 않아야 할 곳에 갔고
밟지 않아야 할 곳을 밟은 발입니다
참지 못하고 다른 이를 아프게 찼던 발이고
남의 신발을 신었던 발입니다
그런데 한 번도 보지 못한 당신은
흰 대야에 담긴 따스한 물에 제발을 정성껏 씻기십니다
피 같은 붉은 수건을 무릎에 올려놓고
눈물 같은 물기를 닦아 주십니다
그리고 죄 많은 제 앞에 무릎을 꿇고
큰 죄를 지은 죄인마냥
바닥에 머리를 조아리고 한없이 엎드려 계십니다
죄인인 제가 그렇게 해야 하는데
제게 무슨 잘못을 했다고 그렇게 하십니까?

해미 읍성 다듬이 방 앞에서

나뭇잎 물들어가는 날에
이웃 없는 빈방에서 외롭지 않게 하소서
가끔씩 몰려와 기웃거리는 관광객들의 눈초리에
방망이질 소리가 거칠지 않게 하소서
인생의 된서리가 내리도록
잊지 않고 두드려온 다듬이 소리가
방문 앞을 지나는 무감각의 영혼들을 깨우게 하시고
가까운 바다의 잔잔한 파도처럼
평온을 노래하게 하소서
어느 부드러운 마음이 놓고 간
사탕 몇 개와 떡 한 덩이가
노곤한 몸의 힘이 되게 하소서
그리하시면 저는 그 하늘 밑에서
노래하는 새가 되겠습니다.

청산도에서는

청산도에서는
큰소리를 내지 말자
고요하고 겸손한 풍경엔
거기에 맞추어
손님의 예를 갖추어야 한다

산들바람 부드러운 햇살에 옷깃을 풀고
바닷 속 헤쳐 날아온 생기를 마시자
구부렁길 들리는 판소리에
신명나게 엉덩이도 흔들면서
가사를 모르거든 지화자를 외치자

사는 게 시끄럽고 슬픈 자가 찾아와
마음에 박하 같은 풀 하나를 심고 간다
그곳에서 높게만 살던 자가
무릎 꿇고 흙 돋우는 법을 배우고 돌아간다.

청산도 칡꽃

가만히 걷는 사람에게만 향기가 전해지는 꽃
깊고 깊은 땅속의 이야기를 향기로 전하는 꽃
지나가는 바람이 건드릴 때마다
부끄러워 붉은 꽃이 피고
몸이 가려운 다람쥐가 문지를 때마다
칡꽃은 간지러워
온몸이 보랏빛으로 변했다.

신갈마로 46번지 산비둘기

바람난 뭐처럼
몇 날 며칠 소리도 없더니
부엌 창문 언저리에서
힘없이 용서를 빈다
아침부터 들으면
반가운 손님이 온다는 까치소리도 관심 없고
오로지 네 소리밖에 내 귀에 들리지 않는데
그동안 어디를 쏘다니다 온 건가
그 분풀이로 욕을 한 바가지 해줄까?
물을 한 바가지 뿌려줄까?
그래도 네가 없는 거보다 나아서
목소리를 살핀다
평소 같으면
구우국 구우국 꾹 해야 하는데
자꾸만 구욱 구욱 한다
어떤 여편네한테 국을 얻어먹었단 소린가
살며시 약이 오른다
어디서 누구한테 국을 얻어먹고 다니고 그래?
나도 모르게 심장이 소리를 지른다

구욱 구욱 구욱
비둘기는 정말 죄를 지은 것처럼
목소리를 낮추어 처분만 바라듯
내 쪽을 바라다본다.

대구 수성 못

어둠이 내린
길다란 둑 위를 사람들이 오간다
갈바람 지나가며
반짝이는 불빛을 넘을 때
수성 못의 사연을 생각하는 자 몇이나 될까

일제 강점기
상수도로 끌어들인 물 때문에
논밭이 마르자
일본인 미즈사키 린타로는
조선인 네 명과 수리조합을 만들고
수성 못을 만들어
삼백 평당 이원 육십 전의 물세를 받았다

세월이 흐르고
사람들은 그 들녘에
편한 건물 하나하나를 세웠다
농부들의 손발을 닿게 했던 논밭은 없어지고
이제는 커다란 연못만 덩그러니 남아
사람들의 사연을 담고 담는다.

신성리 갈대밭에서

아직 꽃을 다 피워내지 못한 갈대들의 밑 대궁에
갈대 잎 바스락거리는 소리 듣고
생쥐며 벌레들은 숨어 있으려나

하품 나는 세상의 일 잠시 접고서
가을 소풍 나온 사람들
숨어있다 놀래 주려나

신성리의 햇빛은 같이 숨바꼭질을 하자는지
점심때가 되도록 구름 뒤에 숨어 있었다.

천지연 폭포

언제부터 이 폭포가 사람 것이 되었나
어른 이천 원
어린이 천 육백 원
이천 원짜리 표를 끊고
성난 듯 물줄기를 쏟아내는 폭포를 숨죽이며 본다

"나를 보는 것은 공짜야
법 없이도 착하게 사는 사람들에겐
값없이 보여주고 싶어"
폭포는 침을 튀며 소리친다.

(2018.10)

한라산 백록담

그 곳엔
커다란 솥단지가 있다
그걸 보려고
허기진 사람도 올라가고
배부른 사람도 올라간다

1950미터 산 위에 올라앉아
백록담 솥의 밥을 푼다
발톱에 피가 나도록 올라와
바보처럼 웃으며 밥을 푼다

여기저기 사람들이 떼로 둘러서
각양각색의 숟가락을 들고
솥단지의 밥을 양만큼 푼다

그 옛날 불같이 일어났던
강한 힘들이
숟가락에 얹혀 입안으로 들어간다

수 만년 키워낸
한라산 꼭대기에 모인 기운이 들어간다

모두 힘을 내어 잘 살라고
뭉게뭉게 안개가 불처럼 피어올라
백록담 솥단지를 뜨겁게 데운다.

한라산 길을 걸으며

키 작은 조릿대 숲 위로 까마귀 울음소리 울린다
얼마나 이 산을 날며 오가는 사람들에게 소리쳤을까?
그 소리의 뜻을 알아들은 자들은 몇이나 되나
나에게는 정상에 오르는 것만이 다가 아니란다
비 오는 날 우비를 입고
한라산 돌계단 위에 서 있는 것만으로도
이미 한라산의 보이지 않는 힘을 얻은 거라며
휴게소 난간에 앉은 까마귀는
입을 달싹거리며 말한다.

자유인에게

안 본다고 잊힌 게 아니야
기약 없이 별똥별을 찾아 떠난 사람아
어제의 햇빛이 오늘도
무겁게 먹이를 메고 가는 개미를 비추듯
기억을 잊은 듯 걸어가는 너를 비춘다

가는 길 어느 길에서 값진 별똥별을 찾았는가
그 걸 잡기 위해 놓아버린 가여운 손들에겐
몇 개의 꽃송이를 쥐어줄 수 있는가.

고성 바람에게

내가 갇혀 있는 게 싫어 이 산속까지 온 것처럼
너도 떠나고 싶어 아옹대지 말고 어서 떠나렴
곤한 밤 내 부드러운 꿈 밭 돌아다니며
망치지 말고 어서 떠나렴
가는 길 주전골 맑은 물에는
티끌이 떨어지지 않게 조심히 날아서 가렴
얼굴 씻으러 오는 자
모습도 들여다 볼 수 있게 가만히 가렴.

책의 값어치

책이 묶인다
주인이 팔려고 내놓은 책이
일키로그램에 60원인 책이
책장사 아저씨에게 묶인다
행여 쏟아질까
칭칭 줄에 감긴 헌책이 수레 위에 던져졌다
그동안 주인의 가족은
그 책을 사기 위해
오래도록 걸으며
먹을 것의 유혹을 물리치고
마음에 드는 책을 사기 위해
눈이 아프도록 인터넷을 뒤졌다
간혹 책상 위에서라든지 이불 위에서
잠시 보기 싫은 책을 던져버렸을지라도
그런 사연도 모르는 아저씨는
책을 질질 소리내어 끌고 간다
다음에 만날
어느 주인에게는 수 백 억원 어치의 지식이

수레에 부딪히며 끌려간다
우리는 모두 저런 지식이 들어오기 전

아무것도 쓰여 있지 않은 흰 종이와 같았다
제대로 아는 것이 없는 무지렁이 같았다.

김광석 거리

빨랫줄에 빨래가 걸려 있듯
여러 개의 가게가 골목에 걸려 있다
한 가정에 가장은 어디나 있다
누군가 땀 흘리고 고생해야 식구가 먹고 산다
김광석 거리의 가장은 광석이다
골목 빨랫줄에 매달린 여러 가게들을
광석은 먹여 살린다
이번 달 원두 뽑을 기계를 바꿔야 하는 커피 집
월세를 올려줘야 하는 떡볶이 집 때문에
그는 노래 몇 곡을 더 불러야 한다
사람 얼굴을 그리는 캐리커처 집 달수씨는
집중이 안 되니 조용히 해달란다
그래도 노래가 좋은 광석은
벽에 기대어 기타 줄을 튕기며 웃는다.

한해를 보내며

벽에 기댄 탁상 달력의 숫자가 옥수수 알이라면
그 중에 몇 개는 썩은 알이 되고
나머지는 몸속의 영양분이 되겠다
모든 씨앗이 썩어야만 싹이 나서
꽃이 되고
태양 아래 눈부심이 된다

옥수수처럼 새하얀 이를 드러내고
환한 웃음으로 얼마나 서 있으려 애썼던가
땅에 떨어져 더러워질까
얼마나 발버둥쳤었나

더러운 흙에 떨어져 썩어야 비로소
새 생명을 이어갈 수 있음을 알면서
그 길을 가지 않는다.

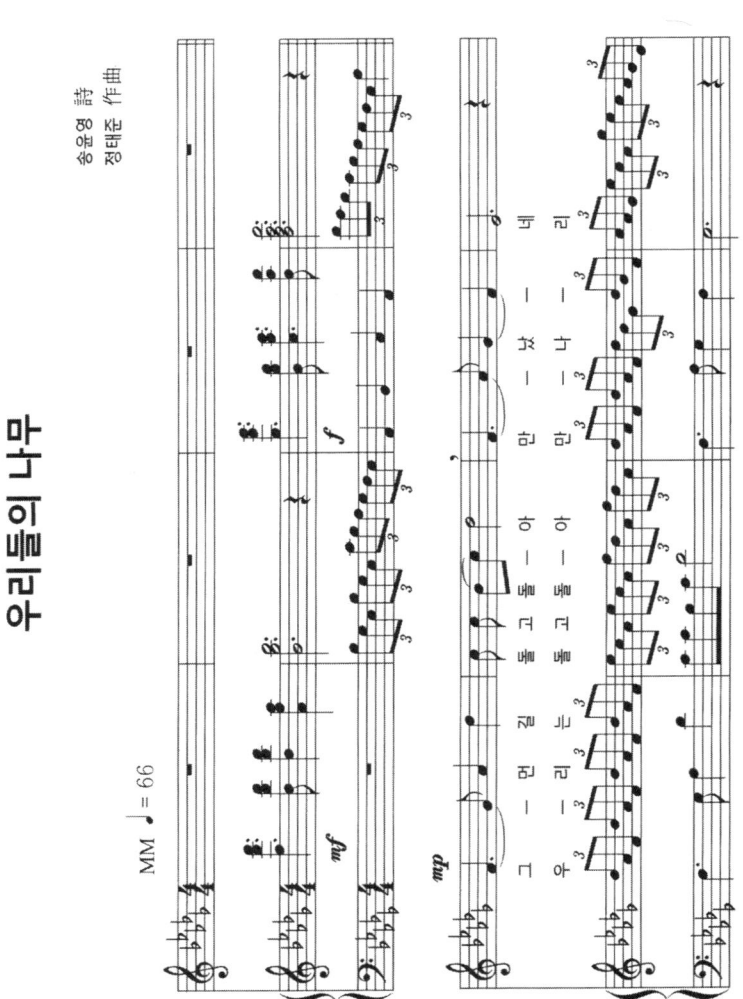

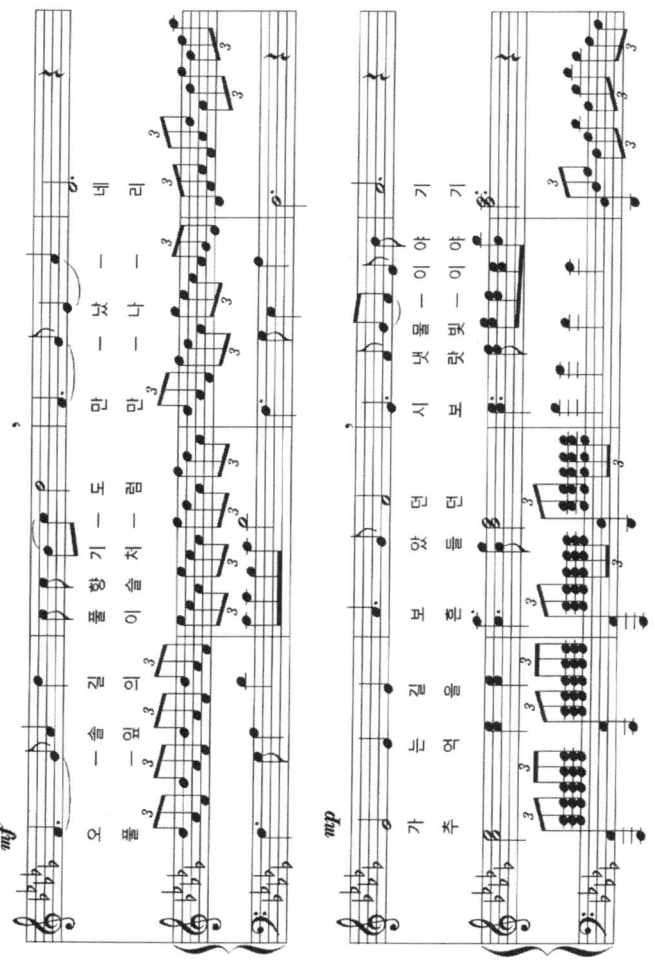

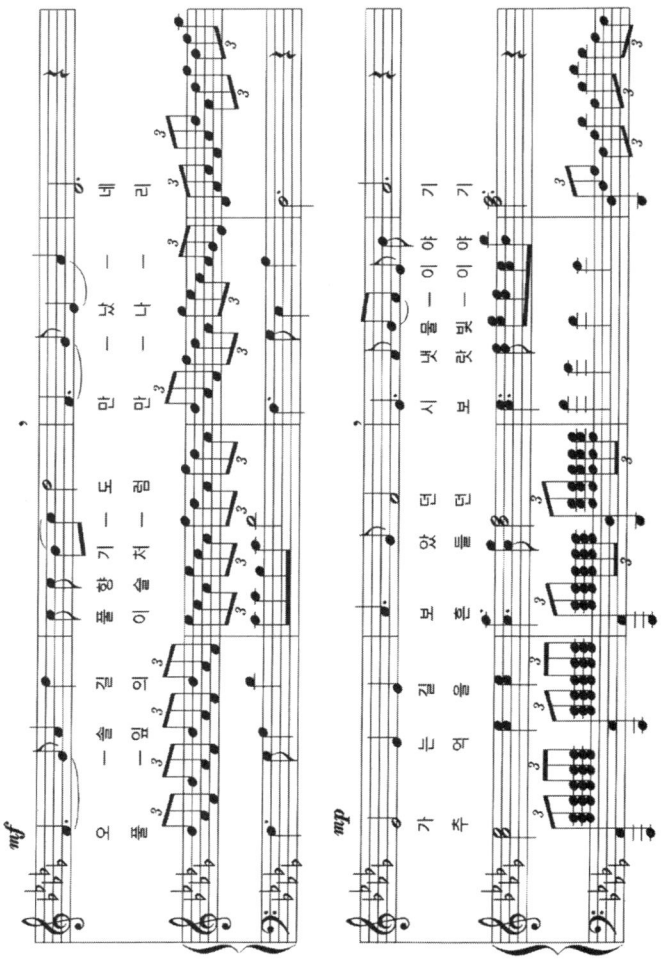

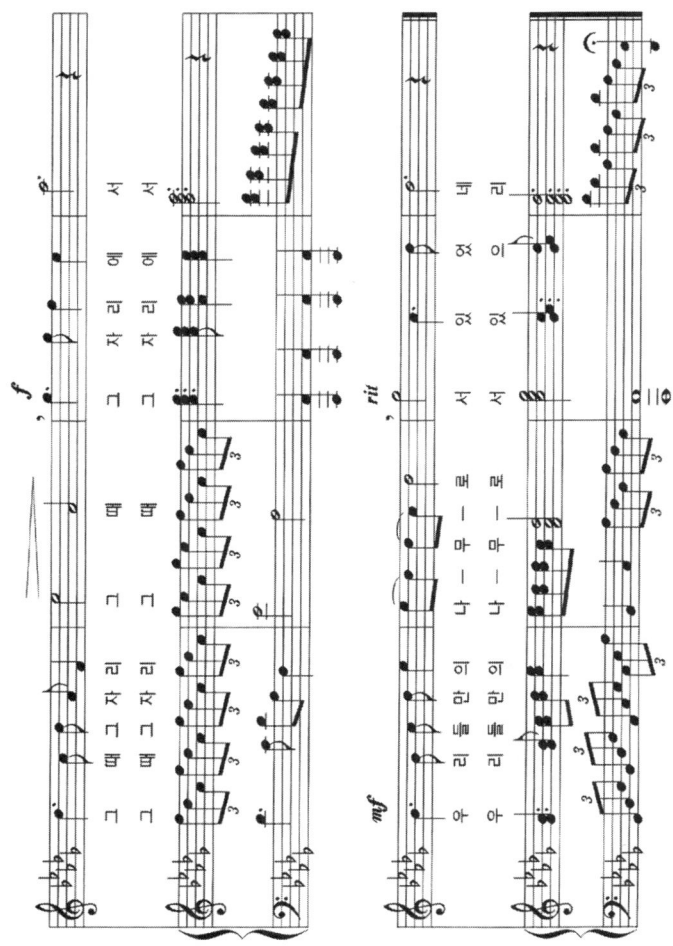

_ 후기

세상에는 헤아릴 수 없는 선들이 많다.

나에게는 넘어야할 선이 있는데 그것은 글쓰기라는 선이다.

안간힘을 쓰고 선을 넘었는가 싶으면 그 앞에 또 넘어야할 선이 있다.

이젠 힘을 들이지 않고도 유유히 돌아서 가는 그런 길을 가고 싶다. 가면서 푸른 하늘 밑에서 예쁜 꽃과 시냇물을 만나고, 지저귀는 새의 소리를 듣는 편안한 마음의 선을 만나고 싶다.

엄마의 분꽃

엄마의 분꽃

송윤영 시집

발 행 일	2019년 8월 15일
지 은 이	송윤영
발 행 인	李憲錫
발 행 처	오늘의문학사
출판등록	제55호(1993년 6월 23일)
주 소	대전광역시 동구 대전로867번길 52(한밭오피스텔 401호)
전화번호	(042)624-2980
팩시밀리	(042)628-2983
전자우편	hs2980@hanmail.net
카 페	cafe.daum.net/gljang(문학사랑 글짱들)
	cafe.daum.net/art-i-ma(아트매거진)

공 급 처	한국출판협동조합
주문전화	(070)7119-1752
팩시밀리	(031)944-8234~6

ISBN 979-11-6493-007-4
값 12,000원

ⓒ송윤영.2019

* 이 책은 교보문고에서 eBook(전자책)으로 제작·판매합니다.
* 잘못 제작된 책은 바꾸어 드립니다.

* 이 도서의 국립중앙도서관 출판예정도서목록(CIP)은
  서지정보유통지원시스템 홈페이지(http://seoji.nl.go.kr)와
  국가자료종합목록시스템(http://www.nl.go.kr/kolisnet) 에서 이용하실 수
  있습니다. (CIP제어번호 : CIP2019028564)

••• 문학사랑 시인선 •••

001	전태익	눈빛 닿는 곳마다
002	리헌석	갈채하는 숲
003	상동규	수직으로 일어서면 수평으로 눕는 바다
004	정재권	대나무를 충고한다
005	조남익	기다린 사람들이 온다
006	정진석	아름답고 향기로운 사람꽃
007	양태의	혼자 우는 뒷북
008	리헌석	섬버위
009	이순조	하늘 닮은 사랑
010	김명배	몸 밖에 마음 두고
011	김기양	김기양의 허수아비
012	경홍수	솔바람의 향기
013	이완순	세상 위에 나를 그리다
014	오희용	이야기 나무
015	곽우희	여전히 푸르고
016	조근호	바람의 동행
017	김영우	길 따라 물길을 따라
018	조남익	광야의 씨앗
019	지봉성	고도
020	이근풍	아침에 창을 열면
021	나이현	들국화 향기 속에
022	이영옥	길눈
023	전성희	당신의 귀가 닫힌다
024	김기원	행복 모자이크
025	김영수	소쩍새 한 마리
026	고덕상	고요한 기다림
027	권상기	초록빛 그리움
028	김주현	분명한 모순
029	김해림	멈추지 않는 발걸음으로
030	김영우	갈맷길을 걸으며
031	이완순	海印을 찾다
032	엄기창	춤바위
033	장덕천	싸구려와 친구하다
034	조남익	흙빛의 말